DE LA QUESTION

DU

PAUPÉRISME

SOUS

le point de vue politique et social,

OU

MÉMOIRE

A L'OCCASION

DE LA STATISTIQUE DES PAUVRES.

par M. Lux, Curé de Dauendorf

PRIX 30 CENT.

PARIS

CHEZ DENTU, LIBRAIRE,
Rue des Jeunes Pères, 39.

1842

DE LA QUESTION

DU

PAUPÉRISME

SOUS

le point de vue politique et social,

OU

MÉMOIRE

A L'OCCASION

DE LA STATISTIQUE DES PAUVRES.

————◦◦◦◦◦————

PRIX 30 CENT.

AU PROFIT DES ENFANTS PAUVRES DES ÉCOLES
PRIMAIRES DE D..... ET DE N.....

————◦◦◦◦◦————

PARIS

CHEZ DEBÉCOURT, LIBRAIRE,

Rue des Saints Pères, 69.

1842.

HAGUENAU, Imprimerie de J. C. Brucker.

Aux
Amis des Pauvres.

Ma considération pour vous, AMIS DES PAU-
VRES, et l'intérêt que je porte aux souffrances
de mes frères m'engagent à vous offrir ces
quelques pages et à les faire paraître au jour
sous d'aussi respectables auspices. C'est un
ensemble rapide et succinct des rapports généraux de l'économie sociale.*

Placé depuis quatorze ans en face des mi-

* Des hommes savants, tels que l'illustré et charitable
comte de Montalembert, dans ses écrits sur l'histoire monu-
mentale, sur le moyen âge, etc., MM. de Coux, de Ville-
neuve, de Gérando, L. Rousseau, Moreau Christophe, ont
entouré la question de toutes les lumières empruntées à la
science et à l'histoire.

sères, pénétrant tous les jours dans les der-
niers réduits, vivant et me nourrissant avec
les pauvres, communiquant aussi avec les
heureux du monde, il entrait dans mon
devoir de ne point ignorer, au sujet du paupérisme, ce qui peut intéresser les hommes
honnêtes de toutes les opinions; et à une
heure où la société toute entière, soit par
prudence, soit par esprit de religion, paraît
s'émouvoir des cris de douleur, mes réflexions
auront peut-être quelque utilité et quelque
à-propos.

DE LA QUESTION

DU PAUPÉRISME

SOUS

LE POINT DE VUE POLITIQUE ET SOCIAL.

> Un pouvoir n'est fort dans les jours difficiles qu'en sachant dégager et comprendre ce qu'il y a de profond et de légitime jusque dans les plus vagues émotions du pays.
>
> M. DE CARNÉ.

---

§. I.

RÉFLEXIONS PRÉLIMINAIRES.

Le paupérisme menace d'envahir les états modernes et s'annonce comme le précurseur de grandes catastrophes. Le pouvoir, averti du danger, fait un appel à toutes les intelligences et cherche à trouver, dans la réunion des efforts, le moyen d'établir et de consolider l'ordre public. Il institue des commissions, il rédige des états au sujet des indigents; il déclare avec une noble franchise qu'il n'a rien tant à cœur que de travailler d'une manière efficace à l'amélioration des classes souffrantes.,

C'est bien là une question vitale, importante, sous tous les rapports, pour la société; avant de l'aborder nous nous sommes demandé :

Cette question peut-elle recevoir actuellement une solution satisfaisante?

Le Gouvernement est-il dans l'obligation de la résoudre pleinement, et cela dépend-il de lui?

Nous répondrons d'abord que, cette question étant inhérente à la nature même de l'état social, sa réalisation, sa vie présuppose un état social régulièrement constitué; elle ne peut donc être solidement basée, ni atteindre son terme durant une époque de transformation et d'incertitude.

Nous dirons ensuite que la question du paupérisme, ayant pour condition et pour effet de son application pratique la foi à un jugement suprême, se trouve nécessairement dépendante de la volonté et de l'action de tous; il faudrait donc, pour que le Gouvernement se trouvât dans l'obligation de la résoudre et pût trouver en lui la puissance nécessaire, qu'il fût maître des croyances et des convictions; qu'il pût implanter dans le

cœur des hommes la charité et la résignation;
ou, au moins, qu'il pût se soumettre les
évènements et régler les habitudes.

Ceci posé, il appert par la connaissance
des temps et des choses que cette question
ne peut pas recevoir encore une solution pratique satisfaisante.

Il résulte de la notion du juste et de l'injuste que la mise en pratique de cette question
n'est pas dans la dépendance de l'action gouvernementale extérieure.

Le Gouvernement civil et politique ne fait
point, ne constitue point la société proprement dite; il est lui-même effet, expression
sociale, le pouvoir formel qui agit, qui main-
tient l'ordre, suivant une règle reconnue,
prescrite ou admise; il ne peut donc être,
relativement à la question du paupérisme,
que pouvoir extérieur exécutif social. Il est
dans ses attributions évidentes, il est de son
devoir, intimement lié à sa nature, à moins
qu'il ne cesse d'être action pour l'ordre, de
réprimer énergiquement ce que le paupérisme a d'individuellement immoral et injuste, ce qu'il présente de saisissable, de po-
sitivement, de momentanément contraire à
l'ordre; d'épurer sa propre sphère de tout

ce qui lui sert de véhicule ou de germe de développement; de laisser pleine et entière liberté à ceux qui sont chargés de le réduire à son état normal, à ceux pour qui c'est un devoir de lui donner ce qu'il a de compatible et, en quelque sorte, de nécessairement constitutif pour la société selon le plan providentiel : il faut des hommes qui cherchent l'or au fond de l'abîme, qui cultivent la terre à la sueur de leur front. « Vous aurez toujours des pauvres, » a dit l'éternelle vérité.

Ainsi le Gouvernement réprimera comme immorale dans son principe, comme injuste et vexatoire, la mendicité exercée dans les communes par des individus non appartenant à ces communes, ou qui n'y ont point leur domicile; il défendra la propriété communale et celle des familles par tous les moyens de droit et de justice; il protégera contre toute oppression les masses faibles qui endurent le plus de privations; il anéantira, autant qu'il dépendra de lui, tous les appats de séduction offerts à l'inexpérience et à la passion, etc.

L'emploi de ces mesures et d'autres moyens encore qui tombent pareillement dans le domaine de la juridiction temporelle, et dont la spécification est facile à constater, aura

des résultats heureux, proportionnés même
à l'étendue du mal, en tant que la législation,
sous ce rapport, se trouvera en harmonie
avec l'application du remède constituant social, qui seul peut ramener à la vie les nations
assises sur des ruines. Au nombre des moyens
les plus éfficaces se trouvent les commissions
instituées au sujet des pauvres; leur organi-
sation émane d'un esprit soucieux, elle apparaît sous de nobles auspices.

§. II.

LE PAUPÉRISME CONSIDÉRÉ DANS SA NATURE.

Les états soumis aux commissions des indigents ne produiront par eux-mêmes aucun
élément naturel devant acquérir force de loi;
mais rédigés consciencieusement, ils rendront
attentif au cri de douleur et seront comme
des avis salutaires, qui, en jetant quelque
lumière sur la nature et sur les causes du
mal, mettront peut-être sur la trace des seuls
remèdes pour le combattre et l'amoindrir.
La pauvreté, considérée comme une nécessité inhérente à la majeure partie des

hommes, n'est point un mal : elle est le co-
rollaire d'un monde qui change, et le terme
de l'humanité qui vit et meurt dans le temps;
elle explique et produit la dépendance; elle
sert de base à l'autorité et la consolide; sans
elle point d'inégalité de fortune et d'intelligence, point d'union qui ait le dévouement
et le sacrifice pour raison; elle augmente le
courage, elle illustre le mérite, elle opère des
merveilles.

Un état formant corps présuppose la pauvreté : toutes les conditions sont occupées,
tous les devoirs partagés, reçus et remplis.
Il est de l'intérêt d'un gouvernement sage
et vigilant de faire respecter, de protéger cette
pauvreté; elle lui est utile et avantageuse,
quelquefois même une condition de sa gloire
et, presque toujours, le moyen et la source
de son bonheur: les pauvres comptent parmi
eux des hommes qui affrontent le danger avec
un étonnant succès et qui meurent avec ré-
solution pour la défense de la vérité et l'hon-
neur de la patrie.

Il y a donc une pauvreté qui est une condition sociale et dont il importe de connaître
la nécessité et le mérite.

Mais *la pauvreté née de l'intérêt propre,*

et fruit des mauvaises passions, la pauvreté
envahissant le pays, effaçant les rangs et les
distinctions ; la pauvreté fainéante, mali-
cieuse, injuste, accompagnée de l'insubordi-
nation et de la révolte, oh ! celle-ci n'est plus
dans la volonté et les desseins de la provi-
dence pour le bonheur du monde ! C'est bien
alors le *paupérisme* qui fait époque dans l'histoire des réformes, et qui traîne à sa suite
le blasphème et le suicide ; le paupérisme qui
rend vicieux et coupable, qui ravage et boule-
verse ; le paupérisme indigne de toute tolé-
rance et de toute charité, ayant pour cause
déterminante et pour origine première la
raison individuelle guidée par la passion, le
matérialisme en théorie et en pratique.

§. III.

LE MATÉRIALISME CAUSE PREMIÈRE DU PAUPÉRISME.

Quand nous indiquons le matérialisme
comme cause du malaise social, nous enten-
dons parler de la cause des causes ou de la
causalité, laquelle seule peut devenir l'objet
des investigations d'un gouvernement repré-

sentant de *l'intérêt commun;* parce que seule
elle énonce les données générales en harmonie
avec la nature du principe à appliquer comme
remède *premier,* fondamentalement efficace,
et parce qu'elle fait ressortir en même temps,
d'une manière exacte, ce que la question a de
local et de personnel, tout en indiquant les
moyens secondaires à employer, essentiellement en rapport avec le but que doit remplir
l'humanité.

Pour procéder méthodiquement, nous de-
vrions faire voir ce que le matérialisme est
en lui-même, quel accès il trouve dans la
conscience et par quelles voies il se développe;
mais notre sujet est précisé et nous sommes
dans l'obligation de nous renfermer dans un
exposé sommaire.

Le matérialisme, comme doctrine, annihile
Dieu et l'idée de justice; il détruit donc la
notion du droit et du devoir. Il assigne à
l'homme une destinée purement terrestre,
tout en lui laissant l'intelligence de la mort
et le sentiment de la douleur; il est conséquemment mortel pour toute condition sociale; il est donc incompatible avec l'ordre et
le bien-être public.

Mais alors, comment une doctrine qui répand la misère a-t-elle pu se propager et pénétrer dans le cœur de la nation ?

L'homme est un *être enseigné*, qui vient à la lumière avec une *nature corrompue;* le monde extérieur, compréhensible seulement par les lumières que fournit la révélation, lui apparaît comme seul objet devant charmer et remplir son cœur avide de plaisirs et trop sensible à la *figure passagère* de l'éternelle vérité.

Or, le matérialisme, qui exalte les jouissances terrestres, ne manqua pas de moyens pour séduire l'homme et le conduire à sa perte : il compta des organes plus ou moins habiles au sein des facultés transcendantes et dans les écoles primaires ; il eut longtemps à sa disposition les journaux de la capitale et des provinces ; le théâtre et la place publique retentirent de son chant et de sa musique, et convièrent hautement le peuple à la débauche et aux orgies ; les beaux-arts, aussi matérialisés, étalèrent aux yeux du public de hideux produits et rampèrent sur la terre, comme s'il n'y avait point au-delà une gloire et une récompense. Durant ces jours de triste mémoire, l'instruction des enfants était étrangère à l'Église, le génie du paganisme exalté

et ses productions littéraires adoptées comme
livres classiques; l'histoire de l'irréligion pu-
bliquement enseignée; celle de la religion,
travestie, commentée, interprétée de manière
à la rendre odieuse, méprisable et ridicule
aux yeux du peuple; les habitants des campagnes initiés à des habitudes d'ordre moins
fortes et moins naturelles; les relations inter-
nationales prédominées par la recherche de
l'intérêt moins commun aux dépens de l'intérêt éminemment social; etc. Partout matière, égoïsme, décadence; partout ligue et
convention pour méconnaître les graves en-
seignements de la raison, qui proclament
qu'il n'y a de bonheur que sous l'égide de
l'autorité, tandis que sous le règne des opinions, formé et imposé par l'individualisme,
des ruines disparaissent et des ruines s'amon-
cèlent : la communauté ruinée, le droit commun morcelé, toute administration rendue
difficile, impossible; les effets répondent par-
faitement aux doctrines, et de tristes précur-
seurs annoncent le lendemain plus malheu-
reux que la veille.

Oui! notre siècle s'attache exclusivement
à la matière. En d'autres termes : les nations
de nos jours vivent dans l'oubli de Dieu, de

leur origine et de leur destinée, s'occupant uniquement d'améliorer leur condition inférieure, qui sera toujours, quoi qu'elles fassent, pénible et laborieuse.

Cependant, essayons un moment de procurer à l'humanité la plus grande prospérité matérielle possible, faisons en le but principal et direct de ceux qui ont mission de la conduire, qu'en résultera-t-il ? *La violation des droits, la désunion des rapports;* évidemment encore la destruction de l'intérêt commun ou social.

Le monde est fait pour l'homme; l'homme nécessairement est fait pour Dieu, ou son existence est sans objet. Éloignez-le de son principe et vous le faites courir à sa perte.

Selon l'ordre, l'homme dépend de Dieu et quant à sa vie et quant au mode de son être; donc Dieu sera toujours pour l'homme l'objet premier de la sphère de son action.

Abandonnons toutes les hypothèses qui ne prouvent rien ici, ou parce qu'elles ne peuvent établir que de rares exceptions, ou encore parce qu'elles n'auront jamais de réalité. Prenons l'idée de Dieu quelle qu'elle soit; interrogeons l'histoire de tous les peuples, quelque ait été le culte qu'ils ont rendu à la divinité;

rendons-nous compte de nous-mêmes; que trouvons-nous partout, sinon la confirmation de cet enseignement si simple, éminemment naturel, écrit sur chaque page de l'Évangile, entièrement conforme à la raison et au bon sens : que l'homme en multipliant, en fortifiant outre mesure ses rapports avec la matière, affaiblit dans la même proportion ses rapports avec l'esprit, avec Dieu et la société; que, se trouvant entre deux objets également déterminés, il ne peut se rapprocher de l'un sans s'éloigner de l'autre. Ainsi, absorber l'esprit de l'homme par la contemplation de sa condition visible, extérieure, purement terrestre, par la pensée d'une prospérité matérielle qu'il ne lui sera jamais donné d'atteindre, c'est lui faire oublier ce qu'il y a en lui de grand, de noble, de divin. Voilà donc où aboutiront les travaux des amis de l'humanité qui s'occupent exclusivement de ses intérêts temporels. C'est bien de ce point de vue qu'il est convenable d'envisager les éléments de sociabilité, dont la connaissance et la mise en pratique doivent présider aux débats qui vont s'ouvrir pour trouver un remède contre le paupérisme.

En considérant l'homme dans ses rapports

avec la terre, nous nous trouvons en face d'une vérité qu'il nous importe d'autant plus de constater ici qu'elle paraît produire, dans son application, un effet entièrement contraire à celui que nous cherchons à faire prédominer, à savoir : *la prospérité matérielle sociale croît ou diminue en raison des efforts plus ou moins grands que fait l'humanité pour reconnaître son origine, et pour accomplir la principale tâche de sa mission.*

Une position contre nature engendre nécessairement le malaise, et ne peut assurer de durée à des institutions humaines; il est donc déjà admis que l'indifférence en matière de religion conduit à l'appauvrissement. Ainsi le bien-être qui résulte de la tendance au matérialisme n'est que trompeur, et si réellement il existe, il ne peut être que restreint et comme un effet qui promet un recouvrement de force, mais qui n'est, en réalité, que le signe d'une prochaine dissolution.

L'homme dépend de la terre dans des rapports donnés : elle fournit à ses besoins physiques en même temps qu'elle lui est assignée comme lieu d'épreuve. Mais la terre ne forme que la partie objective extérieure de son action; le bien-être matériel est donc ici encore

2

limité et subordonné à la plus noble condition
de son être.

La terre nourrit l'homme, nous le prenons
collectivement, mais elle ne produit qu'en raison de l'intervention et du travail de l'homme;
donc l'homme meurt en ne travaillant pas;
donc le travail est pour l'homme une condition de sa vie. Donc la généralité des hommes
sera toujours des ouvriers selon la rigoureuse
acception de ce mot ; c'est-à-dire que le travail, et *surtout la culture du sol*, sont assi-
gnés au genre humain comme mode de son
existence terrestre.

Le bien matériel est donc, relativement à
la destinée de l'homme, dans la proportion
du moyen au but.

En établissant la facilité du travail et la
mesure de production en raison de *l'activité
de l'homme*, de la force de son intelligence
et de sa bonne volonté, nous reconnaissons,
par le fait même, l'inégalité de fortune et de
manière d'être de l'humanité dans *l'individu*.

Mais la *prospérité matérielle commune* étant
le résultat du mode d'exister de l'humanité,
nous sommes nécessairement portés à conclure
qu'en matérialisant *l'homme social*, nous déve-
loppons des germes de désordre et de misère.

Il y aura des pauvres en tout temps et en tout lieu; parce qu'il faut que la terre soit cultivée toujours et partout; mais dans les états modernes tout le monde veut être riche, et c'est-là ce qui entretient la lutte; c'est-là aussi ce qui fait que le nombre des pauvres va en augmentant et que le mécontentement se généralise. Encore partout confusion de la fin avec le moyen, nulle part la sécurité. Que l'on vienne me dire après cela que le matérialisme n'est pas préjudiciable au développement de la condition terrestre de l'humanité!!!

Il y a identité de nature entre la *cause première* et son action dissolvante *sur la vie sociale*, et entre les *causes secondaires*, effets immédiats de la causalité, et leur influence de destruction *sur les individus*; il y a aussi conformité et intimité de rapports entre la situation foncière de la famille et celle de l'État; il est donc prouvé que le matérialisme est la cause première du malaise social.

§. IV.

INSUFFISANCE DES ÉTATS STATISTIQUES POUR AMÉLIORER LA CONDITION DES CLASSES SOUFFRANTES.

Les états, sous le rapport de leur utilité relative, ne manquent point d'importance; mais s'agit-il d'offrir une *donnée générale* et positive qui puisse servir de base à un remède proportionné à l'étendue du mal, alors les *indications partielles* de la statistique, loin de répondre à nos vœux, feraient surgir, dans leur application, de nouveaux obstacles; ces mêmes indications, formulées en dispositions légales, créeraient de nouveaux besoins et alimenteraient les passions au lieu de les réprimer : une loi calquée sur les renseignements d'une misère qui a l'impiété pour principe, constituerait le paupérisme et accorderait droit de cité à la paresse et au libertinage.

En Angleterre, le sixième seulement de la population est à la charge de la charité publique; cela s'explique par l'immense étendue des colonies qui enrichissent la mère patrie; mais dans un pays où, comme chez nous, l'émi-

gration est onéreuse, où il y a partout con-
currence aux dépens de la communauté, une
taxe des pauvres serait une cause de ruine
pour *toutes les conditions*.

Nous n'avons épargné ni soin, ni travail
pour remplir, autant qu'il dépendait de nous,
la mission qui nous était confiée au sujet de
la rédaction des états concernant les pauvres.

Il résulte de nos recherches que les indications de l'état n° 1 * sont notoirement in-
suffisantes; que les renseignements fournis par
l'état n° 2 ** sont fictifs; et que ceux établis
par l'état n° 3 *** confirment pleinement ce
que nous avons exposé au sujet de la cause
première du mal.

Les pays manufacturiers n'ont qu'un nombre fort restreint de *mendiants* non domiciliés dans la commune, par la raison que
les ouvriers, qui ont à peine le nécessaire,
constituant le gros des habitants, ne peuvent
venir au secours d'aucune misère; et par la
raison encore que ceux qui n'ont point d'autres
ressources que le salaire, et que l'on appelle
la partie flottante, trouvent, dans les mo-

* État des indigents domiciliés dans la commune.
** État des mendiants non domiciliés dans la commune.
*** État des pauvres honteux.

ments de crise, quelque commisération chez les habitants des contrées agricoles.

Mais ensuite aussi, et par la force des choses, l'état n° 3, qui comprend ceux qui auraient besoin de secours, quand il y a manque de travail, doit consigner un chiffre énorme.

Les communes à l'entour des couvents et dont la position ne se prête que difficilement à l'industrie, présentent aussi pour la statistique un résultat alarmant : le nombre des pauvres honteux y est très considérable, et l'isolement dans lequel elles sont placées devient comme un lieu de refuge pour les pauvres ambulants. Un grand nombre de ces communes occupent un sol ingrat; ayant reçu autrefois l'entretien et la richesse de lointaines dépendances des couvents, elles se trouvent dans un triste abandon depuis que ceux-ci ont disparu.

Si les états n°s 1 et 3 donnent quelque satisfaction pour les campagnes, il est à considérer que le sentiment religieux, c'est-à-dire la charité, le goût du travail, la constance, etc., y sont encore en lutte avec les habitudes moins simples du monde moderne.

Le nombre des mendiants étrangers qui reçoivent l'aumône dans notre commune est

tellement considérable que les feuilles expé-
diées pour l'état n° 2 n'ont pas suffi pour les
contenir. Les colonnes 12 et 13 doivent re-
later les causes de la misère et la conduite
des mendiants; elles portent pour tous la
marque *inconnue* ou *non fournie*; cependant
à en juger par les notes relatives à ces mêmes
colonnes, que nous avons pu préciser sur
l'état n° 1, la cause de la misère des pauvres
ambulants, laquelle constate en même temps
leur vie sous le rapport de la moralité, est,
généralement, inconduite, mauvaise habi-
tude, tenant intimement à la cause principe
indiquée.

En admettant donc que même la plus
scrupuleuse exactitude préside à la formation
des états, nous sommes encore loin d'avoir
trouvé le moyen de résoudre pratiquement
le problême du paupérisme; nous nous trouvons toujours en face de théories incomplètes,
négatives. Toute l'utilité de la statistique des
pauvres consiste donc à résumer les sommes
des causes accidentelles, secondaires, pério-
diques, conséquemment à provoquer et à
faire établir des mesures restrictives, tem-
poraires, locales. Ces mesures émanent foncièrement de l'autorité publique instituée par

la volonté ou le consentement de tous pour
faire régner le droit commun civil, et il est
dans les attributions du Gouvernement de les
mettre en vigueur.

§. V.

REMÈDES SECONDAIRES OU MOYENS LÉGISLATIFS POUR SOULAGER LES CLASSES SOUFFRANTES.

Le morcellement du terrain qui forme le
patrimoine du gros de la nation, la conver-
sion trop subite de pays agricoles en pays
d'industrie, de nouvelles productions créant
de nouveaux besoins, etc., restreignent, pour
les parties inférieures de la communauté, la
superficie du sol et diminuent par conséquent
les productions de première nécessité. Les
moments de crise arrivent : le travail manque,
le pain aussi ; la main d'œuvre est offerte à
un prix en disproportion avec les exigences
ordinaires de la vie ; les villes et les campagnes
regorgent de pauvres, et l'on voit la mendicité s'établir sur une menaçante échelle.

Que peut faire le Gouvernement ?*

* Il est juste de reconnaître que le Gouvernement a fait
beaucoup, depuis quelques années, dans l'intérêt spécial des
pauvres.

1° Conserver intacts les hospices, les maisons de secours, etc., fondés par la libéralité de nos ancêtres : ce sont des refuges permanents pour la faiblesse de l'âge et l'infirmité habituelle; ils deviennent le point de concentration des efforts individuels, comme une planche de salut durant les époques de calamités publiques. Ne céder qu'à la certitude manifeste d'un résultat meilleur, fournie par une expérience consommée et faite ailleurs, dans des circonstances analogues, le droit d'apporter quelque changement dans l'emploi du revenu : ce qui ne paraît être qu'une simple forme, redevient, à un jour donné, le mode d'application d'une haute vérité pratique. Otez au monde extérieur ce qu'il a de figuratif, et il n'y aura plus pour l'homme ni caractère de vérité, ni moyen de l'enseigner.

2° Ne point permettre aux communes, hors d'un cas extrême, de se dessaisir de la commune propriété : le bien *communal* forme une espèce de fonds *social*, et constitue un lien d'union et de fraternité; il est pour un grand nombre l'assiette naturelle du travail, la raison d'une vie réglée et, pour plusieurs, l'unique ressource pour l'hiver et le temps des infirmités; il remplace pour les campagnes, les hospices des villes et leur maisons de refuge.

3° Protéger efficacement la petite propriété contre la convoitise et la fraude de cette foule d'usuriers de bas étage qui désolent les campagnes; l'entourer de garanties moins coûteuses, en faisant intervenir gratuitement les officiers civils dans les affaires de transaction, etc.

4° Faire disparaître les institutions établies par d'avides spéculations, qui ne peuvent qu'accroître la misère, soit en prélevant le centime sur le malheur et les souffrances, soit en donnant un trop facile recours à l'homme imprévoyant, découragé; etc.

5° Prohiber les mesures dégradantes pour l'homme ou qui tendent à séparer l'intérêt des pauvres de celui de la société: il y a de l'héroïsme dans la résignation à un sort pénible, et le malheur a sa dignité; le mépris et les moyens de contrainte poussent à la haine et à des actes de vengeance.

6° Réprimer *partout* et *toujours* la mendicité liée au vagabondage, cette mendicité hideuse de sa nature, et parce qu'elle est une cause de dégradation morale, et parce qu'elle est une protestation permanente contre l'ordre et la justice.

7° *Statuer que chaque commune entretienne ses pauvres* et laisser aux comités organisés à ce sujet une entière liberté d'action.* Il est évident que le meilleur emploi des secours ne saurait être mieux fait que par ceux qui les fournissent et qui composent la commune, la famille à laquelle appartiennent les pauvres. La charité de tous surveille la conduite de chacun ; elle a pour mission de réformer les habitudes vicieuses, de fonder un esprit d'ordre et de prévoyance. Les comités sont toujours en état de réaliser, pour la communauté, les formes diverses de la charité, en raison des conditions locales ; ils ont intérêt à préparer les secours, à provoquer des réformes, à faire des essais, à combattre les abus, etc. ; il faut donc laisser agir les comités, et, par l'entremise des comités, venir au secours des communes non en état d'entretenir leurs pauvres. Il y aura alors des œuvres de piété : des dons, des legs, des fondations, etc.

---

* Partout dans notre province il y a une louable émulation en faveur des pauvres : les villes de Strasbourg, de Mülhouse, de Colmar, de Schlestadt, de Haguenau, etc sont libérales et ingénieuses à répandre des secours.

La charité légale, sujette à d'énormes abus, n'est point un acte individuellement libre; elle n'a donc ni prix, ni mérite; elle est par là même extinctive du dévouement et dans celui qui donne et dans celui qui reçoit; — elle ne peut donc constituer aucun bien-être réel.

8° Organiser le travail; établir des tribus agricoles et industrielles; c'est-à-dire ramener les intérêts d'une classe nombreuse aux intérêts généraux de la société et les en rendre l'appui, en substituant l'esprit de corps à l'esprit personnel et privé.

Il y a encore en France plus de sept millions d'hectares de terre en friche. L'homme doué de génie et aimant ses frères ne laisse point les mauvaises terres en non-valeur par la raison que leur produit est inférieur aux frais de culture; il pense qu'il faut les acquérir pour la communauté; combiner deux valeurs sociales et les rendre positives : exploiter les terres en friche, et pourvoir les hommes du nécessaire; rendre *toute* vie active et augmenter par le travail, la masse et la facilité des subsistances, etc.

9° Ordonner que la théorie du travail et sa pratique fassent partie des matières à enseigner dans tous les établissements publics d'instruction, de réforme, etc. Occuper toujours le jeune soldat et lui accorder, ce qui vivifie le travail, pleine liberté pour remplir les devoirs de religion.

10° Mais le remède le plus urgent et aussi le plus efficace pour le bonheur public, c'est l'institution des écoles de filles dans toutes les communes.

La mère de famille est le principe constituant extérieur, secondairement déterminatif de la société conçue sous la notion du droit commun pratique et du devoir général et réciproque.

A. La diversité des devoirs de deux sujets dont la réunion constitue la base extérieure de la société, exige essentiellement une même et commune tendance à réaliser l'objet déterminé et connu, par la voie appropriée à la nature et à la condition de chacun d'eux.

L'homme et la femme, ne faisant qu'un, sont l'image de Dieu créateur et le type le plus parfait ici bas de l'unité et du bonheur.

aa. Ils recevront donc l'un et l'autre la même éducation; ils ne pourront jamais recevoir la même instruction.

bb. Le premier article de la loi du 28 Juin

1833 est l'expression des rapports de la créa-
ture avec le Créateur ; une loi qui ordonnerait
l'établissement des écoles de filles, deviendrait,
dans ce qui les distingue des écoles de garçons,
l'expression des rapports de l'homme avec
l'homme, et serait avec l'article fondamental
dans la proportion du moyen au but.

cc. Une telle loi n'instituerait pas, selon
l'acception du mot, elle ne ferait que reconnaître la différence des devoirs ; elle formu-
lerait, de la part de l'homme, l'admission de
l'ordre établi par la nature.

B. Le Créateur a imposé une autre condition à l'homme et une autre condition à la
femme ; et l'un et l'autre ayant des droits
attachés à cette condition et des devoirs cor-
respondant à ces droits ; l'instruction, donnée
à l'homme, relativement à la jouissance de ces
droits et à l'accomplissement de ces devoirs,
différera donc de celle donnée à la femme,
et l'instituteur sera ce qu'il doit être, s'il
trouve en lui-même le cœur et l'esprit de son
élève.

L'homme a pour lui la force intellectuelle
et physique, la femme se distingue par les
qualités du cœur ; l'homme saura donc mieux
développer cette force intellectuelle et phy-

sique dans l'homme, la femme cultivera mieux les qualités du cœur.

C. L'homme gagne le pain qui nourrit la famille, à lui le soin d'assigner une place aux enfants dans le monde; à la femme celui de les instruire dans la commune habitation, de les diriger par ses conseils et ses exemples jusqu'au moment où ils vont la quitter.

D. En France, l'école rurale étant placée pratiquement comme en dehors de la religion, l'instruction que reçoit l'homme est incomplète; celle donnée à la future mère de famille est ou nulle ou vicieuse.

E. Il y a un double principe relatif social pour l'État et la commune, comme pour la famille : celui de la *puissance* et celui de la *tendresse.* Tous les deux doivent être réglés par l'intelligence subordonnée à la raison divine. Les écoles primaires n'étant à proprement parler que les écoles de *l'homme-enfant,* Dieu et la nature, qui ont placé l'enfant tout d'abord sous la tutelle de la tendresse, sembleraient avoir désigné la femme pour institutrice unique de l'âge faible, si la puissance, qui est le partage de l'homme mûr, ne le caractérisait déjà dès son entrée dans le monde et ne demandait dès-lors pour lui une instruction conforme, en tout point, à sa nature et à sa destinée. Mais s'il en est ainsi pour l'homme, il est pareillement évident et indispensablement nécessaire de ne confier qu'à la femme la direction et l'instruction des filles.

F. Nous ne dirons rien ici de l'école des garçons, de la forme de son institution, de sa tenue, etc. Ce qu'elle a de radicalement vicieux, de destructif pour l'autorité religieuse et civile disparaîtra par son incorporation dans l'état de société foncièrement constitué.

L'autorité est la source de la vérité et le fondement de l'ordre. Renversez l'autorité, et il n'y a plus ni enseignement permanent obligatoire, ni rapports constitués.

Or, qu'est devenu dans les communes, qu'est devenu pour la réalisation dans la sphère intellectuelle, religieuse et politique, le principe premier de l'ordre ?

L'élément générateur, enseignant, dirigeant, modifiant, est placé dans la dépendance de vils intérêts ; l'élément passif, transformable, devant être approprié, perfectionné, étant comme légalement constitué hors d'atteinte quant à son *être*, devient non-seulement agissant hors des limites de l'ordre, mais tend à effectuer l'action qui renferme radicalement la vie et la puissance, et, ne suivant que l'impulsion de sa fixité, repousse toute action supérieure qui l'entoure, parcequ'elle le gêne; l'anéantit, parce qu'elle est, de sa condition *faite*, transitoire.

L'école primaire, pour être en harmonie avec nos nouvelles institutions, a besoin d'une réforme que la conscience publique réclame; elle consiste à faire prévaloir en action, sous l'égide de l'autorité, le principe de conviction libre contre tout système légal de coaction et mesure de contrainte; c'est-à-dire, ici encore, la réalisation des rapports reconnus nécessaires pour le bien commun, en donnant au droit la sanction du pouvoir.

Mais enfin toute législation présuppose la connaissance et la pratique du juste; mais séparée de la société spirituelle que constitue le libre règne de l'intelligence, elle restera sans influence réelle et durable sur la solution du grand problème qui nous occupe. C'est à la religion de constituer foncièrement les hommes en enfants de Dieu et en une société de frères; c'est à la religion d'expliquer au monde la nécessité et le but du travail, de

3

révéler le mérite des souffrances, d'exposer
la raison de l'inégalité des conditions passa-
gères; *c'est à l'Église catholique, à l'Église une
et universelle d'enseigner toutes les nations.*
Mais ici nous sommes arrivés au point cul-
minant de notre sujet, — nous montrons la
loi du salut.

§. VI.

REMÈDE PRINCIPE CONTRE LE PAUPÉ-RISME.

Le remède contre le paupérisme n'est point
une production du génie de l'homme. C'est
la *vie par essence* qui fait vivre; c'est la *vérité
une* qui opère l'union, qui anime et féconde
le monde de l'intelligence; qui explique, qui
dispose et harmonise le monde matériel. Sans
le Verbe, sans l'éternelle vie, manifestée dans
le temps sous une forme accessible à l'homme,
point d'exercice du droit, point de notion du
devoir. La parole divine, annoncée avec autorité, librement écoutée et librement reçue,
illumine la nuit du néant, ordonne les éléments de toutes les conditions, et réalise dans
les deux ordres spirituel et physique, par cela

qu'elle émane du sein de Dieu, la figure de l'éternelle perfection.

Mais alors pleine liberté au Christianisme, c'est-à-dire pleine liberté à la propagation et au développement des seuls principes civilisateurs; parce que seuls ils renferment et communiquent l'intelligence de l'éternelle beauté et de l'éternel amour, et rendent heureux, ici-bas, par la *patience* et la *résignation*. Autour du Christianisme ni esclavage ni oppression; parce que dans son cœur il n'y a point d'injustice; c'est bien lui qui travaille pour la communauté, qui constitue la fraternité, qui établit le secours mutuel, qui enseigne l'obligation, le service et la reconnaissance. Son institution et sa nature sont justice et miséricorde. Tout ici repose sur Dieu, tout conduit à Dieu.

Il est de fait que les états qui ont eu du bonheur et de la durée furent redevables de leur force vitale et de leur prospérité au principe religieux, qui était le principe de leur origine et la raison de leur existence. La Grèce fit mourir Socrate accusé d'athéisme, et Rome payenne, déjà ébranlée dans ses fondements, livra au dernier supplice les adorateurs du Dieu inconnu. L'empire turc n'est que la réa-

lisation d'une pensée religieuse, et les coups
portés à son culte compromettent à tout moment son existence politique.

Il est de fait que, des peuples anciens, la
nation juive subsistait le plus fortement con-
stituée. Elle avait ses lois et son culte à Baby-
lone, comme à Jérusalem; elle continuait de
régner pendant que les plus beaux empires
de l'Orient, qui, eux aussi, étaient liés à une
religion fondée sur la tradition altérée et corrompue, tombaient en ruines ou subissaient
les plus vastes transformations.

Il est de fait que les états d'Europe ont
dû leur naissance et leur prospérité à la propagation et au développement de la loi évan-
gélique.

La religion une et sainte est donc le principe nécessaire de la vie et de la prospérité
sociales; rien ne peut lui être comparé. La
force qui l'a remplacée dans les états qui ne
sont point unis par de communes croyances,
a toujours été mortelle à ceux qui l'ont em-
ployée. Cela est si vrai, que les gouvernements
contemporains, qui se sont séparés de l'unité,
ont été amenés, pour pouvoir subsister, à
s'identifier même avec la religion. L'Amérique
seule fait exception : mais là déjà il y a stagna-

tion, et ses habitants manquent de pain sur une immense étendue de terre qui n'attend que des bras pour la cultiver.

Le progrès que le monde a fait dans la voie de la justice est l'effet du Christianisme et une preuve de sa conformité avec la nature de l'homme : l'Occident domine l'Orient, et l'Europe toute entière se lève pour rendre témoignage à la vérité de la religion de Jésus-Christ et à la divine mission de son Église.

Mais le Christianisme n'a été établi parmi les hommes que par l'enseignement ; donc l'enseignement chrétien est la base de la *vérité*, de la *justice* et du *bonheur*; donc toute éducation, toute instruction devant atteindre le même but, doivent être intimement liées à cet enseignement; donc la religion de Jésus-Christ possède des droits et aura nécessairement une action réelle sur l'instruction et l'éducation; donc enfin pleine liberté au Christianisme, pleine liberté à son enseignement.

Le prêtre libre dans l'exercice de son ministère est vraiment l'homme qu'il faut et à ceux qui commandent et à ceux qui obéissent : il annonce que tout pouvoir vient de Dieu, que la justice jugera la justice; que l'ordre est une condition de la vie, que l'infraction à cette règle traine à sa suite la misère et la douleur.

Il y en a qui s'étonnent avec justice que le prêtre reste généralement sans action sur la marche sociale ; mais, disent-ils, tels sont les faits et la nécessité des positions dans les causes des évènements : l'existence naturelle du peuple est intimement liée à celle du clergé, et l'on a séparé le peuple du clergé ; le peuple a donc dû perdre la vérité et l'amour : celui qui n'a point d'enseignement divin à pratiquer, concentre ses désirs dans la terre, devient mécontent, injuste et cruel. Quand on a pour destinée première et positive Dieu et le ciel, comment la vile matière suffirait-elle pour remplir une âme avide de l'infini.

Gardons notre forme gouvernementale quelle qu'elle soit, mais désirons-la forte et pleine d'avenir; travaillons de concert à la consolidation de son principe fondamentalement constitutif. La raison et l'expérience des siècles nous donnent un même avertissement: Rome associe à son culte les divinités des peuples qu'elle subjugue; Mahomet se dit prophète; Constantin marche à la conquête de l'Orient et de l'Occident en se déclarant enfant de l'Église et protecteur de l'Évangile.

Réfléchissons tant que nous voudrons : la religion est la condition essentielle du bonheur; seule elle renferme le remède à nos maux.

FIN.

www.ingramcontent.com/pod-product-compliance
Lightning Source LLC
Chambersburg PA
CBHW060750280326
41934CB00010B/2429